Uwe Böschemeyer

Sinn für mein Leben finden

SKV-Edition Lahr/Schwarzwald

Bildnachweis:
Umschlagbild: R. Haak
Innenbilder: S. 4, 25, 41, 49: P. Santor; S. 9: G. Eppinger;
S. 17, 21, 33, 37, 57: K. Radtke; S. 29: W. Söllner;
S. 45: E. Sadowski; S. 60: G. Trautwein

ISBN 3-87729-989-X

Kleine Reihe zu Lebensfragen 93 053

Gesamtherstellung:
St.-Johannis-Druckerei, 7630 Lahr
Printed in Germany 2985/1993

Inhaltsverzeichnis

Vorwort

Seit über zwanzig Jahren beschäftige ich mich beruflich vor allem mit der Frage nach Sinn, wissenschaftlich, praktisch, mit mir allein und in Gesprächen mit anderen. Ich bin noch immer nicht müde geworden, dieser Frage nachzugehen, wahrscheinlich deshalb, weil mir immer mehr aufgeht, daß kaum eine Frage wichtiger ist als diese.

Noch etwas beginne ich – mehr als bisher – zu begreifen: Wer nach Sinn fragt, muß das als ganzer Mensch tun, mit Leib, Seele und Geist. Das gilt für alles Wesentliche, dem wir näher kommen wollen. Wer nur über Sinn nachdenkt, dem wird weniges sinn-voll sein.

Ich will in diesem kleinen Buch elementar

über dieses Thema reden, mich nicht in Definitionen und Thesen verlieren und das zum Ausdruck bringen, was ich im Laufe der Zeit meine, begriffen zu haben.

Die Wege zur Sinnfindung, die ich Ihnen, lieber Leser, beschreiben werde, habe ich nicht am Schreibtisch erdacht. Sie sind von Menschen begangen worden, denen der Mangel an Sinn zum Lebensproblem geworden war.

Was ist Sinn?

Das Wort »Sinn« gleicht einem Chamäleon, das seine Farben der Situation angleicht, in der es sich gerade befindet. Was »Sinn« meint, ist viel-deutig – jedenfalls in der viel-seitigen Literatur zu dieser Frage.

Wollten wir dieser Meinungsvielfalt nachgehen, dann ständen wir am Ende doch wieder selbst vor der Frage, was mit diesem Begriff gemeint sei.

Sinn – davon gehe ich aus – ist das in meinem Leben,
was mir hier und jetzt das Wichtigste, das Hauptsächliche ist,
was mich unmittelbar an-geht,
was mich persönlich betrifft,

was mein Herz höher schlagen läßt,
woran ich mein Herz hängen kann,
was mich aus-wärmt,
was mich aus-füllt,
wodurch ich mit mir eins bin,
wofür ich dasein will,
wofür sich mein Leben lohnt,
worin ich von keinem anderen vertreten werden kann.

Kein Mensch kann Sinn für einen anderen finden. Jeder findet ihn nur für sich selbst. Der Grund dafür liegt in der Einzigartigkeit und Unverwechselbarkeit eines jeden Menschen. Darin liegt die Not, darin liegt aber auch die Faszination unseres Lebens.

Es gibt zwar Erfahrungswerte, die eine Orientierungshilfe auf dem Weg zur Sinnfindung sind oder sein können.

Die Entscheidung jedoch, was für den konkreten Menschen in seiner konkreten Situation sinnvoll ist und was nicht, kann jeder nur persönlich treffen.

Es gibt keine theoretisch beweisbare Antwort auf die Frage nach dem Sinn des Weltganzen. Und auch die Frage, wozu ein Mensch überhaupt lebt, ist unbeantwortbar.

Diese Fragen sind und bleiben für uns theoretisch unlösbar, weil wir tief an Raum und Zeit gebunden sind und deshalb über die uns gesetzten Grenzen unserer Erkenntnis nicht hinaussehen können.

Und doch brauchen wir eine Antwort auf die Frage, ob Sinn im Leben überhaupt vorhanden sei. Woher sollten wir sonst das

Motiv und die Hoffnung nehmen, nach Sinn zu suchen?

Es gibt eine Antwort. Wir finden sie jedoch nicht in der Welt der Gedanken, sondern im Leben selbst. Mir kommt ein Bild:

Wenn ich die Fenster eines Domes von außen anschaue, dann sehe ich ihre Schönheit nicht und erkenne auch nicht ihre Motive. Gehe ich in den Dom hinein, dann leuchten mir ihre Farben entgegen, und ich beginne, die aus den Formen und Farben sprechenden Geschichten zu verstehen.

Ob das große Leben Sinn hat oder nicht, ob das einzelne Menschenleben Sinn hat oder nicht – das werde ich nur erfahren, wenn ich in den Dom des Lebens hineingehe und nicht vor ihm ausweiche –, wenn ich im konkreten Leben immer wieder neu den Versuch wage, zu sein, was ich bin: ein »Mensch auf der Suche nach Sinn« (Frankl).

Die Aktualität der Sinnfrage

Seit vielen Jahren ist, wie schon angedeutet, die Frage nach dem Sinn im Leben eine der am häufigsten behandelten Fragen in der Literatur, die sich mit Lebensthemen auseinandersetzt. Die Bücher darüber sind nicht mehr zählbar. Und das hat seinen Grund.

Wir leben in einer Zeit, in der die Angst zum lebensbestimmenden Gefühl der Menschen geworden ist: die Angst vor den Tiefen oder Untiefen der eigenen Seele ebenso wie die vor anderen Menschen und der Welt, in der wir leben.

Leib und Seele drücken dieses Lebensgefühl aus, nicht nur in unseren Breiten, sondern weltweit. Wir wissen davon nicht nur aus Büchern, sondern auch aus unserer täglichen Arbeit mit an Sinnmangel leidenden Menschen.

Die Angst unter uns ist so groß, weil der Mangel an Sinn so groß ist. Der Mangel an Sinn ist so groß, weil der Halt im Leben so gering ist. Der Halt im Leben ist so gering, weil die Suche nach Sinn so schwer fällt. Die Suche nach Sinn fällt so schwer, weil Menschen so wenig Sinn erkennen. Und sie erkennen so wenig Sinn, weil die Angst unter uns so groß ist. Hier schließt sich der Kreis.

Die Sinnkrise der Menschen unserer Zeit ist Ausdruck ihrer Angst im Leben, das dominierende Angstgefühl ist Ausdruck ihres Mangels an Erfahrung von Sinn.

Die Antwort auf die Frage nach dem Sinn im Leben hat deshalb eine so große Bedeutung, weil sie die Mitte der menschlichen Existenz betrifft.

Das Bedürfnis nach Sinn – das hat Viktor E. Frankl, der berühmte Wiener Professor für Psychiatrie und Neurologie in vielen Publikationen eindrucksvoll gezeigt – ist der ursprünglichste und vitalste Wunsch im Menschen. Deshalb braucht er nichts mehr als dessen Erfüllung.

Sinnmangel und Sinnerfüllung betreffen den ganzen Menschen – seinen Körper, seine Seele, seinen Geist. Das bedeutet konkret: Wenn ein Mensch nicht oder nicht ausreichend Sinn erlebt und erfährt, kann er an Leib und Seele erkranken. Erfährt und erlebt er jedoch das Maß an Sinnerfüllung, das er persönlich braucht, dann bejaht er nicht nur sein Dasein, dann kann er auch vieles ertragen, sogar die Angst.

Sie werden, lieber Leser, nicht erwarten, daß Sie, wenn wir jetzt miteinander über Wege zum Sinn nachdenken, mühelos zu einem sinn-vollen Leben kommen können. Wege muß man bekanntlich gehen, und zum Ziel gelangt nur, wer sich mit Leib, Seele und Geist auf den Weg macht – und auch dann weitergeht, wenn nicht nur die Füße schmerzen.

Manchmal denke ich, daß nicht immer die viel zitierte Orientierungslosigkeit, sondern auch – pardon! – die Seinsfaulheit in dieser Zeit nicht wenige daran hindert, die Wege zu den Quellen des Sinns zu finden.

Wege zur Sinnfindung

1. Wer nicht mehr – oder zu wenig – Sinn in seinem Leben sieht, muß in die »Wüste« gehen. Die Wüste, die ich meine, ist die Stille.

Wer sich mit sich allein sein läßt, wird mit dem konfrontiert, was er denkt und fühlt, was er hat und was ihm fehlt. Er begegnet – mehr als bisher – sich selbst.

Seine Unruhe wird ihm deutlicher und seine Angst, seine Wut dringt näher an ihn heran und auch sein Zorn. Er fühlt die Ungelöstheiten in seinem Herzen und beginnt zu verstehen, wodurch sie entstanden sein könnten. Und vielleicht ahnt er die nächsten Schritte, die er gehen sollte, um sich von dem, was ihn bedrängt, zu befreien.

Wer sich mit sich allein läßt, beginnt auch zu ahnen, wie wenig er sich kennt, und wieviel ungelebtes Leben noch immer darauf wartet, aus-gelebt zu werden.

Die »Wüste« ist der Ort, an dem ein Mensch geistes-gegenwärtig wird, an dem er sich erkennt und neue Bilder sieht von dem, was im Leben möglich ist.

2. Wer nicht mehr – oder zu wenig – Sinn in seinem Leben sieht, kann sich an das erinnern, was Sinn für ihn einmal gewesen ist: an die befriedigende Arbeit, an die bezaubernde Liebe, an die Geburt des Kindes, an das, wofür man leben mochte.

Es ist so wichtig, sich an die alten Sinn-Bilder zu erinnern, wenn neue sich noch nicht oder nicht mehr zeigen –, um einmal wieder ein Gefühl für Sinn zu spüren, um sich von den alten, guten Gründen für Leben wieder an-wärmen und den Drang nach neuem Leben wieder auf-kommen zu lassen.

Was wir an gelingendem Leben erlebt, erfahren und verinnerlicht haben, kann uns vor Augen führen, wie stark unser Gefühl für Leben einmal war und – vielleicht – noch immer ist.

Es gibt Fragen, die helfen können, das Verinnerlichte wieder gegenwärtig werden zu lassen:

Wann war das
(was gut, schön und sinnvoll war)?
Wo war das?
Was war das für ein Tag?
Wie sah das Haus, der Ort aus?
Spüre ich den Duft des Raumes, der Landschaft?

Sehe ich Einzelheiten vor mir?
Wen sehe ich jetzt vor mir?
Höre ich, was er oder sie sagt?
Was empfinde und fühle ich?
Ich bleibe »im« Bild.
Ich lasse es auf mich einwirken.
Ich bleibe bei dem, was gut war.

3. Es gibt Barrieren vor den »Orten«, an denen Sinn gefunden werden kann.

Diese Barrieren haben einfache Namen.

Sie heißen z. B. Trotz, Selbstmitleid, Neid, Ehrgeiz, Maßlosigkeit, Eifersucht, Unwahrhaftigkeit, Ichbezogenheit. Sie sind die großen Gegenspieler jener Gedanken, Gefühle, Haltungen und Handlungen, die die Bedingungen sind für ein gelingendes Leben.

Wer sich dem stellt, was ihm den Weg zu sich und anderem Leben verstellt, beginnt, zu sich zu stehen und standfester zu sein. Ein solcher Mensch verhält sich klarer, er braucht auch weniger Kraft, weil er weniger verdrängt.

Es gibt keine runde, befriedigende, beglückende Sinnerfahrung, wenn jemand sich nicht so verhält, wie seine eigene Seele es von ihm erwartet. Wenn er gegen sich selbst lebt und also gegen das, was er im

Grunde seines Herzens will –, wie sollte er mit sich eins sein und Sinn erfahren?

Wir brauchen nicht immer Therapie um zu erkennen, was uns davon abhält, zu den Orten der Sinnfindung zu gelangen. Es genügt manchmal ein waches, williges Hinhören auf das, was ein Freund uns zu sagen wagt. Es genügt manchmal auch die Bereitschaft, die Kritik unserer scheinbaren oder tatsächlichen Feinde ernstzunehmen.

Wichtiger jedoch ist die »Wüste«, der Ort, an dem uns vor allem jene unbequemen Fragen kommen, denen wir nicht mehr ausweichen können. Oder denken Sie von sich so gering, daß Sie annehmen, Sie wüßten nicht eine einzige Barriere der Sinnfindung selber zu benennen?

Wenn wir uns allerdings weder mit uns

selbst noch mit Freunden oder Feinden Klarheit darüber verschaffen können, was uns den Zugang zu den Gewölben unserer Seele zu verwehren scheint, dann kann es wichtig sein, für eine gewisse Zeit jemanden um Therapie oder Beratung zu bitten.

4. Ich gehe von der Voraussetzung aus, daß der weitaus größte Teil der Sinnproblematik in mißlingenden Beziehungen von Mensch zu Mensch begründet ist. Der Ur-Sprung dieser Konflikte liegt vor allem darin, daß wir zu wenig sagen, was wir denken und fühlen – und zu wenig tun, was wir sagen. Und deshalb begegnen wir uns mit Masken – und nicht von Mensch zu Mensch.

Es gäbe eine Lösung. Der große Menschenkenner Martin Buber hat sie so beschrieben:

»Es kommt einzig darauf an, bei sich zu beginnen, und in diesem Augenblick habe ich mich um nichts anderes in der Welt als um diesen Beginn zu kümmern. Jede andere Stellungnahme lenkt mich von meinem Beginnen ab, schwächt meine Initiative dazu, vereitelt das ganze kühne und gewaltige Unternehmen.«

Schieben Sie, lieber Leser, einen Augenblick Ihre Einwände beiseite und lassen Sie zunächst einmal diese Sätze auf sich wirken . . .

Spüren Sie die Wohltat, die schon von der bloßen Vorstellung ausgeht, sich nicht mehr permanent darüber Gedanken machen zu müssen, warum und wozu der andere Ihnen Unrecht getan hat?

Ahnen Sie, welches Maß an Energie wir einsparen könnten, wenn wir – mehr als bisher – darauf verzichteten, all das, wofür wir selbst verantwortlich sind, auf andere zu schieben?

Das wäre ein freieres Leben. Das wäre gelebte Freiheit. Das wäre auch die Hauptvoraussetzung dafür, Sinn im Leben zu finden.

Bei sich selbst beginnen . . .

5. Die Märchen sind voll von Bildern und Symbolen für das eine, das wir brauchen, das uns beglückt und das eine andere wichtige Bedingung für gelingendes Leben ist.

Sie erzählen von dem Schatz, der auch dann zu einem guten Leben ausreicht, wenn wir meinen, wir hätten das Wichtigste verloren.

Gibt es diesen Schatz nur in Märchen?

Der Schatz, an den ich denke, liegt in der Situation, in der ich bin, und an dem Ort, an dem ich mich aufhalte. Hier und heute finde ich die Gelegenheit, das Beste, also den Schatz, aus dem an mir vorbeiströmenden Lebensfluß zu bergen. In dieser Zeit, unter diesen Umständen, in diesem konkreten Schicksalsraum, mit diesen Menschen eröffnet sich mir die Möglichkeit, Sinn in meinem Leben zu finden.

Mit anderen Worten: Daseins-Erfüllung erlebe ich, wenn ich den konkreten Rahmen meines Lebens so weit wie möglich aus-fülle. Voll von Leben ist mein Tag, wenn ich die Möglichkeiten ausschöpfe, die ich in *ihm* vorfinde.

Nicht die Menschen an sich, nicht die Dinge an sich, nicht die Feste des Lebens an sich füllen unser Dasein aus, sondern unsere von dem Wunsch geleitete Einstellung zu ihnen, sie hier und heute zum Schatz werden zu lassen.

Wäre es anders, kämen zu uns in die Beratung nicht so viele Menschen, die äußerlich »alles« haben, was das Herz zu begehren scheint.

Sind Sie enttäuscht über diese Antwort? Hatten Sie Befreienderes erwartet?

Darf ich Sie wieder bitten, Ihre Einwände einen Augenblick beiseite zu schieben und die Sätze auf sich wirken zu lassen?

Spüren Sie wieder die Wohltat, die von der bloßen Vorstellung ausgeht, daß Sie sich nicht ständig neue Zustände und Umstände wünschen müssen, daß Sie ganz gegenwärtig, ganz *in* der Zeit und an diesem Ort zu Hause sein können?

Sinn finde ich nicht gestern, nicht morgen, und auch nicht da, wo ich nicht bin.

Manchmal geht es im Leben nicht um unsere Wünsche und auch nicht darum, was uns »eigentlich« zusteht. Wir sehen uns plötzlich vor Aufgaben gestellt – in Familie, Beruf, öffentlichem Leben –, die darauf warten, übernommen zu werden – von uns.

Bin ich nicht, fragen wir dann, für diese Aufgabe viel zu schwach? Warum soll ausgerechnet ich mich dafür zur Verfügung stellen? Dafür also bin ich gut genug?

Unsere Motivation, zu tun, was von uns erwartet wird, ist denkbar gering.

Dann sehe ich hin auf das, was auf *mich* zu warten scheint, und höre in mir die Frage: Wer, wenn nicht ich, käme sonst dafür in Frage? Und kein anderer antwortet . . .

Ich mache mich an die Aufgabe heran – widerwillig.

Sie ist – vielleicht – noch schwerer als erwartet.

Ich ahne jedoch, daß ich sie bewältigen könnte.

Ich scheitere nicht.

Ich gewinne – nach und nach – eine Beziehung zu ihr.

Ich gewinne auch eine andere Beziehung zu mir.

Ich beginne, mich – mehr als bisher – wert zu fühlen.

Ich beginne, Sinn zu fühlen.

6. Vielleicht gehören Sie zu den Menschen, die alles verloren haben, was ihnen wichtig war: die Liebe, die Arbeit, die Gesundheit,

so daß Sie sich fragen, ob Sie und wie Sie ohne »das alles« weiterleben können.

Ob Sie »alles« verloren haben?

Vielleicht sind Sie im Laufe der Zeit müde geworden von zu vielen Niederlagen und haben die Hoffnung aufgegeben, daß auch Sie noch einmal fühlen könnten, wohin Sie gehören und wo Sie zu Hause sind. Sie denken vielleicht, das Leben habe Sie verlassen. Ob *das Leben* Sie verlassen hat?

Manchmal kann es gut sein, für eine Weile sich einfach sein zu lassen, der Müdigkeit den Raum zu geben, den Sie braucht – und nichts mehr von sich und anderen zu erwarten.

Manchmal bleibt unsere Seele zurück,

wenn sie nicht mehr weiterkann. Dann bleibt uns selbst nichts mehr, als darauf zu warten, daß sie nachkommt, uns einholt und wieder auszufüllen beginnt. Dieses Warten darf sein. Es muß auch sein, denn die innere Welt richtet sich nach Regeln, die oft so ganz anders sind als die der äußeren, leistungsorientierten Welt.

Vielleicht aber sagen Sie, Ihr Leben sei schon immer sinnlos gewesen.

Immer schon?

Sie haben noch nie Sinn gefühlt? Alles, was Sie erlebten, empfanden Sie als sinnlos? Sie kennen keine Freude, keine gute Zeit?

Das wäre bedrückend.

Wer sagt, er habe Sinn noch nie erfahren, sollte sich fragen, ob er wirklich meint, was er sagt, und ob es zutrifft, was er meint.

Menschen, deren Leben schwer war, neigen dazu, ihre vorwiegend dunklen Erfahrungen zu verallgemeinern –, vielleicht aus Trotz, verkappter oder offener Wut, vielleicht auch aus Haß gegen alles, was lebt.

Nicht selten jedoch liegt unter dieser Abwehr von Leben – so merkwürdig es klingen mag – eine letzte Glut verzweifelter Liebe zum Leben.

Wer sagt, er habe Sinn noch nie erfahren, muß sich deshalb auch fragen, ob er will, was er tut, nämlich: sich immer wieder einzutrotzen, einzuwüten, einzuhassen – und die darunter liegende letzte Liebe sterben zu lassen.

Ich höre noch immer den Satz meines Lehrers Frankl in mir: »Man kann auch Sinn verweigern . . .«

Nun gibt es allerdings auch Menschen, die »alles« verloren und die gelernt haben, ihr Leid zu *gestalten* und gerade dadurch zu tiefer Sinnerfahrung gelangt sind.

Nein, diese Menschen lieben nicht das *Schwere* in ihrem Leben, sie lieben das *Leben,* sie lieben das Leben *trotz* der Schwere. Und sicher haben sie lange gebraucht, bis sie sich zu einer solchen Lebenseinstellung durchringen konnten.

Sie haben vor allem gelernt, daß es lebensentscheidend ist, worauf man sieht:

auf das, was man *nicht* ist, *nicht* hat, *nicht* kann – oder, *welche* Lebens-Möglichkeiten noch immer oder gerade jetzt offenstehen.

Unser Leben wird von dem bestimmt, was wir zur Hauptsache machen. Machen wir das Leiden und die damit verbundenen Einschränkungen, Verluste und Bedrängnisse zu unserem Hauptthema, dann wird unser Denken, Fühlen und Handeln, dann werden all unsere Beziehungen zum Leben von diesem einen Thema bestimmt sein. Dann liegen allerdings auch die meisten attraktiven Möglichkeiten, die unsere Tage trotz allem lebendig gestalten könnten, im Schatten des Leides und bleiben uns unerreichbar fern.

Liegt uns jedoch das Leben selbst am Herzen, dann werden wir hier und heute aus den konkreten Lebenssituationen unseres Daseins an Wert-Vollem herausleben, was herauszuleben ist. Dann werden wir das Schwere zwar nach wie vor nicht übersehen können, es wird jedoch allmählich seine nur tragische Bedeutung verlieren.

Ob Leben gelingt oder nicht, ob Leid sich gestalten läßt oder nicht – alles hängt davon ab, ob wir da-sein, ob wir leben, ob wir das Beste aus unserem Leben herausholen wollen oder nicht. Die Entscheidung darüber, ob wir auf das eine oder das andere sehen, nimmt uns glücklicherweise niemand ab, liegt in dieser

Freiheit doch letztlich unsere Würde begründet.

7. Sinnerfahrung – das ist auch Erfahrung der uns überwiegend nicht bewußten, inneren Welt. Wer über längere Zeit seine Träume ansieht und sie nicht zu »bloßen Phantasien« herabwürdigt, wird eine Ahnung von der Weite und Tiefe unseres inneren Lebens bekommen.

Es handelt sich um einen Bereich von Leben, für den andere Regeln gelten als für den unseres Bewußtseins. Er ist anders, aber nicht weniger wirklich. Er ist uns fremder, aber nicht weniger wichtig. Er scheint uns ferner, und doch ist er uns nah wie unser bewußtes Leben.

Die innere Welt ist eine Welt der Bilder, der

Farben, des Lichts, der Dunkelheit –, eine Welt der Gefühle, der Ahnungen, der Ideen, der Intuition. Sie ist eine Welt, aus der heraus wir spüren, was für uns sinnvoll ist oder nicht, welche Wege wir gehen sollten und welche nicht. Sie ist der Ort, an dem die »Weisheit des Herzens« (Pascal) zu Hause ist. Und nicht zuletzt ist die innere Welt der Ort, von dem aus die Brücke beginnt zu jener anderen, von Menschen unterschiedlich erkannten und genannten Welt: zur Tiefe des Seins, zum Lebens-Grund, zu Gott.

Es gibt keine vertiefte Sinnerfahrung ohne Begegnung mit der eigenen inneren Welt. Wer nicht oder kaum mit ihr Berührung hat, erfährt sich *selbst* nur halb – und deshalb gar nicht. Das wäre so, als wollte man lieben ohne Herz.

Es gibt verschiedene Wege zu dieser Welt, doch manche, die beschrieben und gepriesen werden, sind kein Weg zum Sinn. Deshalb kann es gut sein, erfahrene Menschen um Rat zu fragen.

Vier kleine Wege für den Anfang möchte ich Ihnen beschreiben:

a) Wer häufig Märchen liest und sich in die Welt der Bilder und Symbole mitnehmen läßt, kann im Laufe der Zeit spüren, daß er sich zu verändern beginnt, daß er ruhiger und ausgeglichener wird, mehr Wärme in sich fühlt und auch in der bewußten Welt mehr sieht, mehr fühlt, mehr hat vom Leben, weil seine bewußte und die ihm unbewußte Welt zusammenrücken und er – mehr als bisher – eins mit sich wird.

b) Unsere Träume sind die unbestechlichen Kritiker unserer Lebenshaltung und Lebensführung, und sie sind Lotsen auf unserem Weg zum Sinn.

Man kann Träume wie Märchen lesen. Je häufiger man sich ihnen zuwendet, desto mehr wird man – im Laufe der Zeit – feine Strukturen erkennen, die immer wieder sichtbar werden. Und ganz allmählich werden sie sich uns erschließen in dem, was sie uns sagen wollen von den Gründen des Lebens und auch davon, warum wir sie nicht finden.

c) Kennen Sie das?

Sie sind allein. Es ist still um Sie herum.
Es ist auch still in Ihnen.
Sie schließen Ihre Augen.

Sie spüren, wie Leib, Seele und Geist gelöst sind.
Sie denken kaum. Sie nehmen höchstens Ihr Denken wahr.
Nichts bedrängt und bedrückt Sie.
Sie sind einfach da.
Sie fragen nicht, ob Sie mit sich einverstanden sind oder nicht.
Sie sind es.
Der Tag zieht an Ihnen vorüber –
und Sie staunen darüber, daß Sie noch Stunden zuvor
unsicher und ängstlich,
weder mit sich noch mit dem Leben einverstanden waren.
Sie brauchen nichts mehr, suchen nichts mehr.
Viel Weite ist um Sie – und Freiheit –
und Klarheit – und Wärme.
Bilder zeigen sich vor Ihren inneren Augen,

Bilder vom Leben, von gestern und heute.
Leben zieht in Sie ein.
Sie denken an morgen.
Ideen nähern sich Ihnen.
Was schwierig schien, zu schwierig –
scheint einfach.
Sie ahnen, spüren, wissen,
was Sie morgen tun werden und tun
können.
Sie sind mit sich im Einklang,
Sie sind auch mit dem großen Leben
im Einklang.
Sie fühlen sich geborgen.
Sie fühlen Sinn.
Sie fühlen Mut, ihn aus-zuleben.

d) Sie schließen Ihre Augen.

Sie legen beide Hände auf die Mitte Ihres
Körpers.

Sie lassen die Wärme Ihrer Hände in den Körper einziehen.
Ein Kreis voll Wärme entsteht unter Ihren Händen.
Sie spüren: Diese warme Rundung unter meinen Händen
ist mein mir eigener, innerster Kreis.
Bilder kommen auf,
Bilder vom Leben,
vom warmen, weiten, freien Leben . . .,
füllen den inneren Raum aus,
füllen Sie ganz aus.
Die Angst hat keinen Raum mehr,
und auch nicht die Dunkelheit.
Leben erneuert sich,
Sinn wird fühlbar.

8. Es gibt etwas, was die angstvolle Frage nach Sinn im Leben zur Ruhe kommen lassen könnte. Wahrscheinlich sehnen wir

uns danach mehr als nach irgend etwas anderem.

Nichts befreit uns mehr, nichts füllt uns mehr aus, nichts ist heilsamer für uns als dieses menschlichste unserer Gefühle.

Ich spreche davon, daß ein Mensch liebt.

Ich höre Ihre Frage: Ausgerechnet ich, der ich doch gerade darunter leide, daß niemand *mich* liebt – ausgerechnet *ich* soll andere lieben?

Die Liebe, die ich meine, ist ein *unteilbares* Gefühl. Sie ist nicht an bestimmte Personen oder überhaupt an etwas Bestimmtes gebunden. Sie bleibt auch nicht an einem Ort.

Die Liebe, die ich meine, ist eine bestimmte, wohlwollende Haltung dem Leben gegenüber: ein Ja zu ihm und zu mir selbst, auch wenn die Lebensumstände schwierig sind.

Diese Liebe ist eine in jedem Menschen angelegte Möglichkeit, und deshalb kann man sie – auch in späteren Jahren – erlernen und aus-leben. Man kann sie allerdings auch vertrocknen lassen.

Bevor Sie jedoch lesen, was ich mit diesen scheinbar kühnen Sätzen meine, sollten Sie sich in die Vorstellung ein-denken und einfühlen, was wohl wäre, *wenn* Sie lieben könnten . . .

Das Geheimnis des Lieben-Lernens heißt Anschauung.

Je mehr ich Menschen, Tiere, Pflanzen, Leben anschaue, desto mehr nehme ich sie wahr.

Je mehr ich sie wahr-nehme, desto mehr erkenne ich ihr Wesen. Je mehr ich ihr Wesen erkenne, desto mehr staune ich über sie. Je mehr ich über sie staune, desto mehr achte ich sie.

Je mehr ich sie achte, desto mehr respektiere ich ihre Andersartigkeit.

Je mehr ich die Andersartigkeit anderen Lebens respektiere, desto mehr kommt es mir entgegen.

Je mehr mir anderes Leben entgegenkommt, desto lieber gehe ich darauf zu.

Je mehr mir anderes Leben entgegenkommt und ich darauf zugehe, desto näher sind wir uns.

Je näher wir uns sind, desto tiefer erkennen wir *uns* in unserem Wesen.

Je tiefer anderes Leben mich in meinem Wesen erkennt, desto mehr fühle ich mich angenommen.

Je mehr ich mich angenommen fühle, desto leichter und wohlwollender schaue ich anderes Leben an.

Hier schließt sich der Kreis.

Gewiß, wir könnten uns Realisten nennen und uns damit begnügen, was uns die Tage so bringen. Dann gehörten wir zu den vie-

STIEP

len, die nur darauf warten, daß die anderen die kleine und die große Welt verändern.

Wir könnten allerdings auch von der Wirklichkeit, die mehr ist als die Realität, zu träumen beginnen. Und wirklich ist, daß die Gesichter der Menschen nach Liebe fragen, und daß jedesmal dann, wenn wir ihre Frage durch uns selbst beantworten, auch unser eigenes Gesicht sich erhellt und unser Herz sich anfüllt mit Sinn.

Am Ende meiner gedanklichen Wanderung mit Ihnen fällt mir ein Bild ein. Vielleicht mögen Sie es auf sich wirken lassen:

Wenn ich in einem Tal stehe und auf die es umgebenden Berge sehe, dann denke ich: »So hoch also sind die Berge.«

Steige ich dann, sagen wir einmal, 800 Meter höher, beginne ich zu staunen. Ich erkenne nämlich, daß über die aus dem Tal betrachteten Berge hinaus weit höhere aufragen. Das hatte ich nicht erwartet . . .

Steige ich um weitere 500 Meter höher, entdecke ich, daß sich über jene höheren Berge hinaus noch einmal ein weit mächtigeres Gebirgsmassiv ausbreitet.

Und – vielleicht – sehe ich noch nicht einmal den Gipfel, von dem aus ich noch viel weiter sehen könnte . . .

10 Leitsätze zur Sinnfindung

1. Weil der Mensch ein Wesen ist auf der Suche nach Sinn, ist bereits jedes Suchen nach Erweiterung oder Vertiefung von Leben ein sinnvoller Akt.

2. Wer sich an altes, gelungenes Leben erinnert, weckt in sich das Gefühl für Sinn und das Bedürfnis nach neuem, frischen Leben.

3. Wer Sinn sucht, muß ihn mit Leib, Seele und Geist suchen – und sich fragen, was ihn leiblich, seelisch, geistig in seiner Sinnsuche oder Sinnverwirklichung behindert.

4. Die Stille ist der Ort, an dem ein Mensch am ehesten spürt, wer er ist, was er braucht und welche Wege für ihn sinnvoll sein könnten; in der Stille erschließt sich ihm seine innere Welt.

5. Träume sind Sinn-Lotsen. Sie weisen den Weg zu den Orten, an denen Sinn gefunden werden kann.

6. Das, was uns hier und heute an Lebensmöglichkeiten begegnet, ist der Stoff, aus dem sinnvolles Leben entstehen kann.

7. Wenn ich sage, was ich meine, und tue, was ich sage, bin ich bei mir und beim anderen und mitten im Leben.

8. Die tiefste Liebes- und Sinnerfahrung erlebt, wer selber zu lieben beginnt.

9. Teilnahme am konkreten Leben ist die Bedingung der Möglichkeit für Sinnfindung.

10. Man darf auch einmal müde sein und darauf warten, daß sich das Bedürfnis nach und die Phantasien für Sinn von selbst wieder einstellen.

In der »Kleinen Reihe zu Lebensfragen« sind bisher folgende Titel erschienen:

Rainer Haak, Wertvoll bin ich, wie ich bin
(Bestell-Nr. 93 051)

Enja-Christiane Seemann, Ein gesundes Leben führen
(Bestell-Nr. 93 052)

Uwe Böschemeyer, Sinn für mein Leben finden
(Bestell-Nr. 93 053)

Andreas Ebert, Mich selbst besser verstehen
(Bestell-Nr. 93 054)

Knud Eike Buchmann, Ein Problem ist auch eine Chance
(Bestell-Nr. 93 055)

Uwe Böschemeyer, Der Weg aus der Abhängigkeit
(Bestell-Nr. 93 056)